거북이 다리, 시간을 건너다

거북이 다리, 시간을 건너다

글/그림/사진: 이수진
출판사: 아트앤컬쳐
발행일: 초판 1쇄 2024년 12월 1일
인쇄 및 제본:(주) 교학사
출판등록 : 2021년 8월9일 (제0027호)
ISBN: 979-11-94370-04-8

본 책의 내용과 그림의 저작권은 저자 및 출판사에 있습니다.
이 책의 일부 또는 전체를 무단 복제, 전재, 배포하는 것을 금지합니다.

2024 아트앤컬쳐 출판사. All rights reserved.

2024 인천서구문화재단의 '로컬크리에이터 문화보부상' 사업의 일환으로 제작되었습니다.

  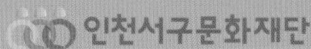

🐢_____ 에게

당신을 늘 응원하는 마음으로
이 책을 드립니다ー.

거북이 다리,
시간을 건너다

"흑백의 여백에 당신의 감성을 더하세요.
색으로 채워지는 컬러링 시집."

프롤로그

거북이 다리, 시간을 건너며

 인천대로 주변 석남동을 배경으로 한 순간순간이 시와 사진, 그림이 되어 펼쳐집니다.

 이 길을 걷는 사람들은 모두 각기 다른 삶을 살아갑니다. 어쩌면 우리는 모두 거북이 다리를 건너고 있는지도 모릅니다.

 그 길 위에서 서로 이어지고, 그 속에서 각자의 삶의 이야기가 새롭게 피어납니다. 그렇게 서로 다른 삶을 살아가면서도, 우리는 같은 길 위에서 함께 걸어가고 있습니다.

 이 시집은 그 길 위에서 포착한 마을의 이야기와 순간들의 기록입니다. 인천대로 주변 골목길과 거북이 다리가 담고 있는 마을의 풍경, 그리고 그 안에 살아가는 사람들의 이야기가 시와 그림 그리고 사진이 되어 새롭게 생명을 불어넣었습니다.

 그리고 이 시집은 한 가지 더 특별한 선물을 담고 있습니다.

시를 쓰기 위해 찍어두었던 사진을 독자가 직접 컬러링 할 수 있도록 구현했습니다. 그림 속 여백은 독자의 손끝에서 각자만의 색으로 다시 태어납니다.

거북이 다리와 마을의 풍경이 여러분의 시선과 손끝에서 어떤 모습으로 다시 태어날지 기대됩니다. 그림을 그리는 작업은 처음에는 서툴지만 점차 선과 색이 마음의 이야기로 탄생하고, 한 장 한 장 완성할 때마다 기쁨이 됩니다.

시가 태어난 순간을 담은 사진들이 이제 독자의 손끝에서 색을 입고 새로운 이야기로 피어나길 바랍니다. 이 시집은 완성된 게 아니라, 여러분과 함께 완성되는 것입니다.

스치는 바람처럼, 지나가는 순간 속에 소중한 무언가를 발견할 수 있기를 바랍니다.

2024년 11월

이수진 씁니다.

차 례

프롤로그 : 거북이 다리, 시간을 건너며

📷 1부 새로운 설렘

1. 거북상회 -- 1
2. 내 이름은 인천대로 -------------------------------------- 5
3. 거북이 다리 -- 9
4. 임대 -- 13
5. 천마산 기슭 -- 17
6. 거북 VS 신거북 -- 21

📷 2부 오래된 시간의 흔적

1. 교회와 성당 -- 27
2. 새 주인 찾아요 -- 33
3. 미소지음 -- 37
4. 쉬어가세요 -- 41
5. 이 길의 주인은 -- 45
6. 느리게 가는 마을 -- 46

📷 3부 익숙한 길

1. 익숙한 길 -- 51
2. 생선 가게 -- 57
3. 시장 냄새 -- 60
4. 잔치국수 --- 62
5. 문문문 --- 65
6. 고가교 아래 -- 69
7. 터틀브릿지 온 더 하이웨이 ------------------------------ 73

에필로그 : 거북이 다리를 건너는 모든이에게

1부 새로운 설렘

WAIT FOR A NEW EXCITEMENT

새로운 설렘

이곳은 낡고 오래된 지역이지만, 변화를 꿈꾸고 있습니다.
그 속에는 새로운 시작을 향한 가능성이 숨 쉬고 있습니다.
" 어둠 속에서도 빛을 찾고,
희망의 싹을 틔우는 순간들 "

발걸음을 내딛는 설렘과 더 나아질 미래를
향한 작은 소망이 담겨 있습니다.

거북상회

1960년대, 그 자리

거북상회에 발걸음이 모여들었대

날카로운 호미, 반짝이는 양은 냄비

쌀 포대 쌓이고, 연탄 냄새 풍기고

골목은 시장이 되고 거북골이라 불렸대

거북상회는 거북시장을 만들고

거북시장은 신거북시장을 만들고

2020년대, 그 자리

번성했던 노점의 흔적은 사라졌대

흥정 대신 고요함이 스며든 시장

어딘가 남아 있는 그들의 이야기는

어떤 발걸음이 되어 모여들까

거북시장의 유래

1960년대 '거북상회'라는 가게가 번창하면서 이 가게를 중심으로 시장이 만들어지고 거북골이라는 명칭이 생겨났다고 한다.

거북시장은 자연스럽게 시장이 형성된 곳으로 한때 100여 개가 넘는 노점이 있었던 서구에서 가장 오래된 대표 전통시장으로 자리해 왔다. 2017년부터 거북시장은 도시재생사업으로 도로를 정비했고 판매시설이 2023년 준공돼 노점상이 판매시설로 이전해 운영 중이다.

노점이 없어진 거북시장의 미래는 무엇으로 채워질지 기대된다.

오늘, 당신의 하루는 어땠나요

사랑합니다

내 이름은 인천대로

내 이름은 경인고속도로였어
서울과 인천을 잇는
최초로 개통된 고속도로 멋지지!
1967년 태어나
1981년 이름이 생겼어

이제 내 이름은 인천대로
서울은 국회대로, 난 인천대로
내 이름이 아주 마음에 들어!
2015년에 태어나
2018년 이름이 생겼어

내 이름은 인천대로
이제 빨리 달리지 않아도 된대
나무와 꽃이 피고, 생명을 품었던
옛날로 돌아갈 수 있을까?

아프겠지만 수술이 끝난 후
사람의 길로 다시 태어날 거야
내 이름은 인천대로

우리나라 최초로 개통된 고속도로

　1968년에 개통된 경인고속도로는 서울과 인천을 잇는 대한민국의 첫 번째 고속도로로, 경제 성장과 교통 혁신을 이끌었다. 그러나 시간이 흐르며 도시 중심부를 가로지르는 고속도로는 소음과 환경 문제를 유발하게 되었고, 지역 주민들의 생활에 부정적인 영향을 미쳤다.

　이제 경인고속도로의 일부 구간이 인천대로로 전환됐고, 이 구간을 도시 재생 사업으로 도로 주변을 사람 중심의 공간으로 탈바꿈시키고, 공원 및 문화공간을 조성할 계획이다. 이는 단순한 교통 변화가 아니라, 지역사회와 환경을 배려한 재생의 과정을 겪는 것이다.

　도시를 빠르게 가로지르는 그 도로는 우리 삶을 분주하게 만들었지만, 동시에 멀게만 느껴졌다. 차 대신 사람들이 걷고, 공원이 생기고, 바람은 더 부드러워지겠지. 앞으로 인천대로는 어떤 모습으로 변신할까?

오늘, 당신의 하루는 어땠나요

사랑합니다

거북이 다리

딱딱한 등껍질을 기꺼이 내어준다

천천히 지나가는 거북마을

쏜살같이 지나가는 다리 밑 세상

옛 추억과 새 희망을 연결해주는 다리

다시 터에 숨을 불어넣어

영혼의 둥지를 틀어 창조의 별빛이 되어

모든 마음이 모여드는 은하수가 되어

거북이 다리는 오늘도 길을 잇는다

문화공간 터·틀

　(재)인천서구문화재단은 거북시장에 2024년 5월 17일 복합문화공간인 「문화공간 터·틀」을 개관했다. 영어로 거북이라는 의미의 터틀과 '문화의 터를 잡고 예술의 둥지를 틀다'라는 중의적 의미를 지닌다. 문화공간 터·틀에서 열리는 다양한 전시회와 공연은 이곳에 활기를 더해주고 있다.

　이 공간이 예술인이 숨 쉴 수 있고, 창작할 수 있는 둥지로 자리매김하고 예술과 문화로 발걸음이 모여들길 염원한다.

오늘, 당신의 하루는 어땠나요

사랑합니다

임대

언제 채워질지 모를 긴 기다림

비어 있는 가게의 오래된 손때

언젠가 다시 손길이 닿기를 바란다

시간을 기다리는 할아버지

바삐 움직였던 그 손들은

그때의 불씨가 다시 살아나길 바란다

서로의 마음이 닮아

새로운 손길과 새로운 순간을 기다린다

언젠가 마음이 다시 채워질

새로운 만남을 기다린다

시간을 기다리는 빈 점포와 어르신

거북시장 맞은편에 임대라고 써 붙인 빈 점포 앞에 할아버지들이 앉아있다. 빈 점포는 새 주인을, 할아버지도 익숙하게 시간을 기다리고 있다.

오늘,
당신의
하루는
어땠나요

사랑합니다

천마산 기슭

천마산 기슭, 바람이 머무는 곳

거북이 마을이 있네

아기장수도 내려와 잠시 쉬었다 가네

날개 달린 천마가 드높은 하늘 훨훨 날고

어깨에 날개 달린 아기장수도 훨훨 날고

천마산이 하늘을 기억하듯

거북이는 땅을 기억하네

지금 태어났으면 아기장수도

마음껏 훨훨 날아 빛을 발하겠지

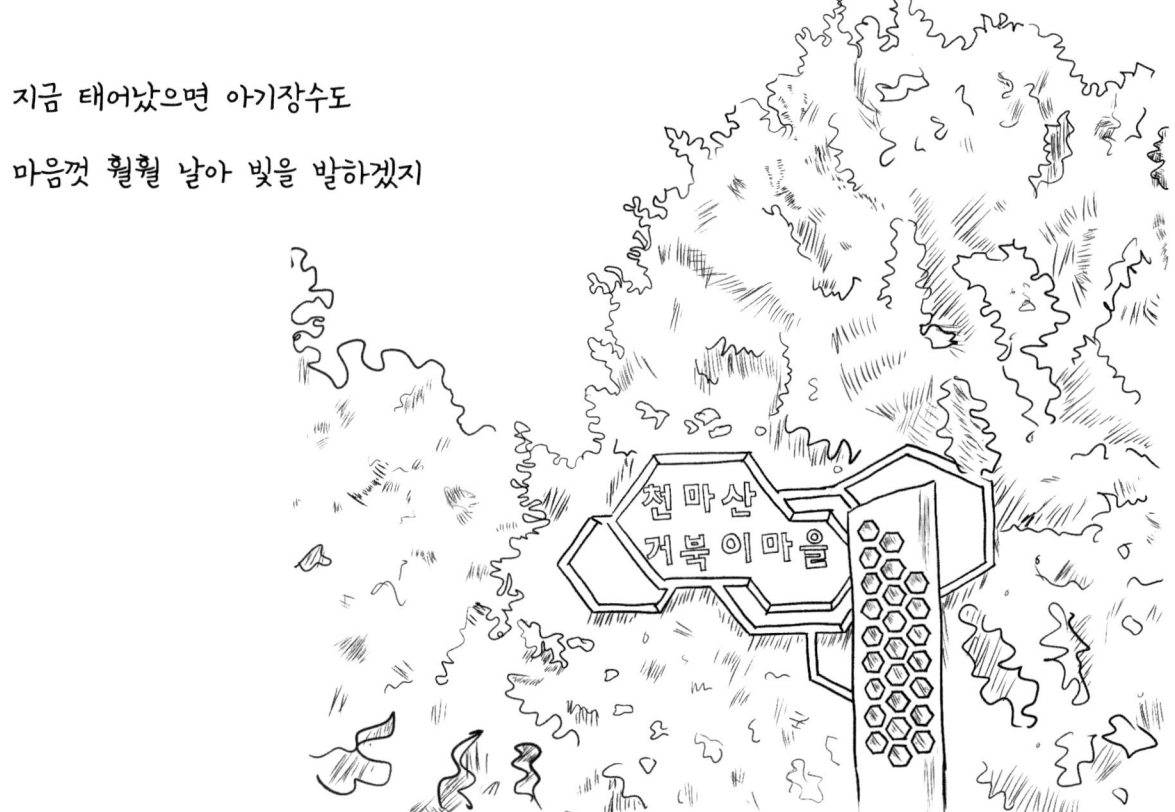

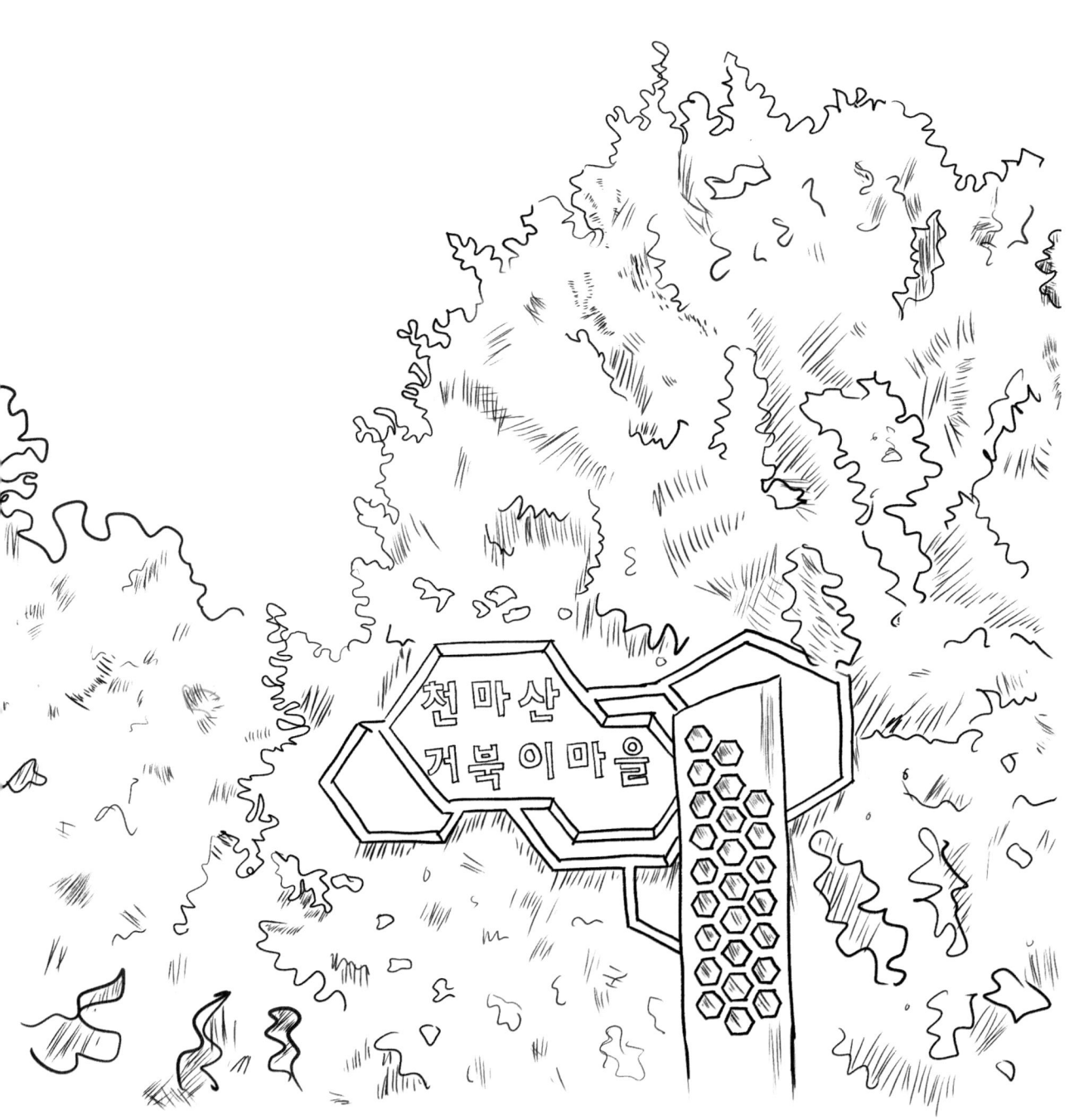

천마와 아기장수 이야기

천마산(天馬山)에는 '천마와 아기장수'에 관한 전설이 전해진다.

전설에 따르면, 천마산에는 양어깨에 날개가 달린 천마(天馬)가 살았다고 한다. 이 천마는 사람들에게 모습을 드러내지 않았지만, 새벽하늘을 날아가는 모습을 멀리서 본 이들이 있었다고 전해진다. 또한, 나라가 위기에 처하면 이 천마를 타고 출정할 영웅이 태어날 것이라는 신령스러운 이야기도 전해진다.

조선 중기, 천마산 남쪽 아랫마을에 합천 이씨 가문의 젊은 부부가 살고 있었다. 결혼 후 오랜 시간이 지나도록 아이가 없었다. 그러던 어느 날 아내는 호랑이가 품 안으로 들어오는 꿈을 꾸고, 이후 임신하게 됐다. 그러나 태어난 아이는 양어깨에 날개가 달린 아기장수였고, 마을 사람들은 이를 두려워하여 아이를 없애야 한다고 강요했다. 결국, 아기의 부모는 아이를 떠나보냈고, 아기장수는 천마산의 바위틈에 잠들며 하늘의 장수로 돌아갔다고 전해진다.

조선 시대의 사회적 신분제도와 그 한계를 상징적으로 반영한 아기장수 이야기로 아무리 능력이 있어도 양반과 상민, 천민의 계급적 경계는 개인의 재능이나 노력만으로는 넘을 수 없었던 시절의 가슴 아픈 이야기가 전설이 된 것 같다.

요즘 아기장수가 태어났다면 마음껏 재능을 펼칠 수 있겠지.

거북 VS 신거북

거북이 두 마리 다툼하네
내가 더 나이가 많다고 하네

옛것이 새것 되고
새것이 옛것 되는 세상인데
나이가 무슨 상관인가?

진짜 어른이 되는 길은
저 멀리 보이지 않는 곳에 있네
그 길을 찾는 건 쉽지 않다네

오늘,
당신의
하루는
어땠나요

사랑합니다

2부 오래된 시간의 흔적

THE TRACES OF TIME LONG GONE

오래된 시간의 흔적

시간은 지나갔지만, 그 흔적들은
여전히 우리 곁에 머물러 있습니다.
"오래된 것 속에서 발견하는 따뜻함과 고요함"

그 흔적은 우리에게 지나온 시간을 되새기게 하고, 새로운 시선으로
숨겨진 아름다움과 진실을 느끼게 해줍니다.

교회와 성당

오르막 빌라촌에 커다란 교회와 성당이 있다

세월의 흔적을 담은 빨간 벽돌과 종탑

서로 다른 모습으로 마을을 바라본다

같은 듯 다른 길이지만

하늘을 바라보며 기도하는 마음

평화와 사랑을 이야기하며

세월 속에서 묵묵히 마을을 지킨다

동갑내기 친구 선두교회 & 아시시 성 프란치스코 성당

거북시장 인근에는 규모가 큰 교회와 성당이 있다. 2024년도에 50주년을 맞이한 교회와 성당은 74년생 동갑내기이다.

아시시 성 프란치스코 성당은 1974년 현 위치에 본당을 설립하여 프란치스코 성인의 가르침을 바탕으로 지역사회와 함께 성장해왔다.

성당 건축은 전통적인 가톨릭 건축 양식을 따르며, 내부에는 아름다운 스테인드글라스와 성화가 배치되어 있다.

선두교회

　선두교회는 1974년에 현 위치에서 천막 교회로 시작하여, 현재는 1,500석 규모의 본 성전과 지상 5층의 교육관을 갖춘 교회로 성장해왔다. 선두교회는 주차장을 지역 주민에게 무료로 개방하고 있으며, 다양한 이웃사랑을 실천하고 있다.

오늘, 당신의 하루는 어땠나요

사랑합니다

새 주인 찾아요

새로 단장한 가방과 옷

세월의 손길이 지나간 고운 자국

누군가의 이야기를 품고

또 다른 여정을 꿈꿔요

새 주인 찾아요

오천 원이에요

구제 가게

　구제 가게에 발을 들이는 순간, 나는 보물찾기를 시작한다. 가끔 허탕을 치기도 하지만 득템하기도 한다. 목걸이, 벨트, 스카프 같은 작은 물건도 새 주인을 기다리고 있다. 반짝이는 금빛 브로치는 "나도 가치 있는 존재야"라고 말하는 듯하다.

　가격표 대신 손으로 적은 메모가 정겹게 느껴진다. 가죽 냄새, 오래된 나무의 잔향, 그리고 세월이 만든 불분명한 향취까지 시간의 흔적을 보여주는 물건들이다.

 오늘도 너는 참 예쁘구나

사랑합니다

미소지움

여기는 1988 주인공이 살았던 마을
명희, 은희, 영선이... 수진이가 주인공인
아직 옛 모습 그대로 살아있는 동네

주인공은 떠나고 없지만
그곳을 지키고 있는 마을
수많은 낙서와 추억들

없어지지 않는, 없어지지 않을
그리운 친구 그리운 동네
미소지움이 미소지움이 된 동네

미소지움이 미소 짓게 만들다.

　가좌동까지 자전거를 타고 다니다 우연히 발견한 동네다. 어릴 적 살던 동네 생각이 났다. 그때 그 시절 천방지축으로 놀았던 친구들도 나처럼 나이 들어 있겠지.

　　　　여기가 미소지음 아파트로 재개발 진행 중인지? 멈춘 건지?

　　　　몇몇 건물에 미소지음 브랜드가 낙인처럼 찍혀있다.

　　　　글씨를 잘못 쓴 건지? 일부러 미소를 지워버린 건지?

　　　　아니면 물감이 스스로 만들어 버린 건지? 누군가 장난친 건지?

　　　　미소지움이 미소 짓게 만든 하루였다.

오늘도 너는 참 예쁘구나

사랑합니다

쉬어가세요

오래된 덕영맨숀, 낡은 담장
늙은 나무가 속삭인다 쉬어가세요
햇살이 드문드문 내려앉은 자리를 내어준다

오래된 덕영맨숀, 고마운 담장
한 할머니가 고단한 숨을 고른다
장을 보러 가는 낡은 손수레도
잠시 내려앉은 채 한숨 쉬어간다

오래된 덕영맨숀, 빛바랜 담장
바알간 옷을 입은 할머니와 손수레
세월의 흔적이 있는 친구들

자전거 타고 골목길 누비기

신현동에서 가좌동까지 자동차를 타고 가면 15분인데 자전거를 타면 40분 정도 걸린다.

인천대로에 막혀 가좌동까지 가는 자전거 길은 험난하다. 가정동 굴다리도 가보고, 잔머리를 써서 석남역 지하차도도 이용하려 했지만 마땅치 않았다. 그렇게 발견한 곳이 바로 거북이 다리다.

신현동에 있는 정서진시장에서 두 고개를 넘으면 강남시장이 있다. 그리고 또 한 고개를 넘으면 거북시장이 있다. 인천 서구의 오래된 재래시장이 고개마다 있는 걸 보면 이 길 고개 고개마다 사람이 많이 살았었구나 추론해본다. 오르막길에서는 자전거를 끌고 힘겹게 걷고, 내리막길은 시원하게 달린다. 좁은 길목을 누비다가 보면, 골목 곳곳에 마주치는 소소한 풍경은 도심 속 작은 휴식 같은 편안함을 준다.

한때는 꽤 근사했던 덕영맨숀, 이제는 할머니와 고양이에게 쉼터를 제공해주고 있다. 담장 안에는 길고양이에게 집을 내어주는 넉넉한 인심도 있다.

오늘도 너는 참 예쁘구나

사랑합니다

이 길의 주인은?

자동차가 주인인가

자전거가 주인인가

사람이 주인인가

서로 주인이라 하네

분주히 제집을 드나드는 개미가

햇살 아래 낮잠 자던 고양이가

힐끔 쳐다보고

아스팔트 사이에 풀이 웃는다

느리게 가는 마을

자동차를 타는 것 보다

자전거를 타는 것 보다

걸어가야 보이는 마을이 있다

느리게 갈수록

바람도 나를 만지고

모든 소리는 속삭임이 된다

느려서 더 정감 가는 마을이 있다

독특한 골목길

인천대로 주변 골목길은 독특한 매력을 지니고 있다. 좁은 골목마다 차와 오토바이, 자전거, 그리고 사람들이 어우러져 다닌다. 뒤 섞여 분주해 보이지만, 그 안에는 골목 모퉁이에 피어난 작은 꽃도 있고 풀도 있다. 작은 개미도 분주히 움직이고 있고 고양이도 햇빛을 즐기곤 한다.

과연 이 길의
주인은
누구일까?

3부 익숙한길

WALK A FAMILIAR DAILY PATH

반복되는 일상 속에서 우리는 익숙한 길을 걷습니다.

이 길은 단순한 반복이 아니라,

삶을 지속하고 생존을 위한 과정입니다.

"삶을 위해 하루를 이어가는 발걸음"

그 속에는 작은 기쁨과 소소한 이야기가 스며 있습니다.

익숙한 길

거북이 마을에서
거북이 다리를 건너
거북시장에 간다

누구는 시장을 차리러
누구는 시장을 보러

거북시장에서
거북이 다리를 건너
거북이 마을로 온다

모두가 생계를 위해
모두가 생애를 위해

생계를 위한 반복되는 일상

실제로 거북이 마을에서 거북이 다리를 건너면 거북시장이 나온다. 익숙한 길은 생계를 위해 반드시 걷는 삶이다. 반복되는 일상 속에 무언가를 사고팔고, 일하고 돌아오는 모든 과정은 단순한 반복이 아니라 삶의 연속성과 생존을 위한 것이다.

거북이 마을에서 바라본 거북이 다리,
거북이 다리를 건너면 거북시장이 있다.

오늘, 당신의 하루는 어땠나요

사랑합니다

생선가게

물비린내 풍기는 그 자리
활기찬 소리, 분주한 발걸음
생선의 눈동자에 비치는
다채로운 삶의 모습

힘찬 파도의 기억을 안고
바다의 속삭임을 담아
푸른 물결을 타고 온 고단한 삶의 무게

은빛 비늘 속살을 스치는 어머니의 손길
신선함 속에 담긴 생선탕 한가득 안고
오늘 저녁 푸짐한 바다를 맛보네

오늘, 당신의 하루는 어땠나요

사랑합니다

시장 냄새

싱그러운 채소와 과일
맑은 이슬을 머금은 채
내뿜는 풋풋한 향

바다를 닮은 생선이
퍼트리는 짭조름한 물비린내

고소한 기름에 튀겨진
떡볶이와 닭강정의 유혹적인 냄새

갓 구워진 쿠키와 달콤한 호떡에서
피어오르는 달콤한 연기

활기찬 외침과 분주한 손길
희로애락을 함께한 추억과 정

깊이 배어있는 삶의 흔적이자
오랜 시간 지켜온 삶의 향기

잔치국수

분주한 하루 잠시 멈춰 선 순간
따뜻한 잔치국수가 놓이네
"먼저들 먹고 있으라"

시장 한 켠에서
허심탄회하게 나누는 대화

시장 냄새와 어우러진
잔치국수의 구수한 향

나도 얼른 장을 보고
한 그릇의 따뜻함으로
몸과 마음을 채워야지

시장하면 잔치국수

시장은 늘 바쁘고 분주하다. 상인들의 손끝에서는 물건들이 정리되고, 흥정의 목소리는 골목길마다 울려 퍼진다. 그들의 하루는 새벽부터 시작된다. 채소를 다듬고, 물건을 진열하고, 그들에게 시장은 단순히 일터가 아니라 삶의 중심이다.

그런 상인들에게 잠시나마 에너지를 충전해 주는 잔치국수가 배달됐다. 따끈한 멸치 육수에 고명으로 얹어진 김과 파, 그리고 정성스레 삶아낸 면발은 상인들에게 든든한 위로가 된다.

국수 한 그릇을 먹으며 웃음이 오가고, 짧은 순간이지만 그 속에서 서로에게 힘을 얻는다. 잔치국수의 따뜻한 국물처럼, 서로의 삶에 작은 위로와 격려가 더하며 다시 하루를 이어간다.

거북시장에서 생선을 산 후 잔치국수 냄새에 삶의 온기를 느끼며, 잔치국수를 먹기 위해 에스컬레이터를 타고 판매시설 2층으로 향했다.

문문문

문문문 문을 지나 거북시장에 간다
녹슨 철문, 기울어진 문, 바랜 페인트 문...
그 속에 세월의 숨결이 새어 나온다
낡고 길들어지지 않은 빛깔에 삶이 드러난 얼굴

문문문 문을 지나 집에 온다
네모난 아파트에 나란히 줄지어진 똑같은 문...
그 속에 자신만의 세계를 감춰 놓는다
방금 세수한 듯 광나게 치장하고 꽁꽁 숨어버린 얼굴

구도심 주택의 문 vs 아파트의 문

문은 건축물의 한 부분으로, 사람이 들어가고 나갈 수 있도록 만든 출입구를 뜻합니다. 하루에도 수십 번씩 우리는 이 문을 들락날락한다.

구도심의 문은 다양한 재료(나무, 철, 유리 등)와 장식이 사용되어 각기 다른 개성을 보여준다. 벗겨진 페인트와 녹슨 자국에 세월의 흔적이 남아 있다. 문고리, 철제 장식, 문의 크기 등 집주인의 취향과 개성이 담겨있다.

반면, 아파트의 문은 표준화되고 규격화된 획일적 디자인으로 동일한 크기와 모양을 가지고 있다. 실용성과 안전성을 갖추고 있지만, 왠지 폐쇄적인 느낌을 주기도 한다.

거북시장 인근 골목길로 들어가면 다양한 문을 보는 재미가 있다.

과연 사진 속에 있는 문의 집은 어떤 모습일까?

고가교 아래

그늘진 고가교 아래

유리창을 가린 꽉 막힌 어둠 속에

부끄럽게 숨어 있는 밤에 피는 빨간 꽃

루비, 장비, 초야, 설화, 진주....

가녀린 희망 품고 안타까운 웃음 속에

어여쁜 이름만큼 아름답고 슬픈 이야기

석남 제1 고가교 아래 홍등가

어린 시절, 빨간 불빛의 홍등가는 늘 궁금한 공간이었다. 이제는 사라진 줄 알았던 그 풍경이 여전히 남아 있다는 사실을 알게 되었을 때, 묘한 기분이 들었다.

인천대로를 잇는 다리 밑에서 다시 그곳을 마주했을 때, 시간이 멈춘 듯한 이질감과 함께 어딘지 모를 불편함이 스쳤다. 세상은 많이 변했는데, 그 빨간 불빛은 여전히 그 자리에 남아있었구나!

고가교 아래에 숨어 있었지만, 이제 인천 지하철 2호선과 7호선이 만나는 석남역 4번 출구 바로 앞이라 숨고 싶어도 숨을 수 없다.

터틀 브릿지 온 더 하이웨이

높이 올라가는 하이웨이

멈춰 있는 터틀브릿지

빠르게 달리는 하이웨이

느리게 걷는 터틀브릿지

뭐가 그리 급하니 하이웨이

느려도 괜찮아 터틀브릿지

앞만 보고 가는 하이웨이

시간을 담는 터틀브릿지

오늘,
당신의
하루는
어땠나요

사랑합니다

에필로그

거북이 다리를 건너는 모든 이에게

거북이 다리를 건너며, 우리는 많은 것들을 발견하고, 또 흘려보냈습니다. 어떤 순간은 따뜻했고, 어떤 기억은 아련하게 스칩니다. 이 길 위에서 만난 사람들과 풍경들, 그리고 그 안에 담긴 이야기는 모두 서로 다른 색과 결을 가지고 있었습니다.

저는 시와 그림을 통해 이 마을의 이야기를 담아내려 했지만, 시집의 완성은 여러분의 손끝에서 이루어졌습니다. 여러분이 더한 색과 단어들로 이 책은 완전해졌습니다.

이 책을 덮으며, 여러분이 또 다른 길 위에서 자신만의 이야기를 써 내려가기를 바랍니다. 길 위에서 만나고, 스쳐 가며 이어지는 우리들, 그 연결 속에서 또 하나의 이야기가 시작됩니다.

모두가 각자의 거북이 다리를 건너는 하루 속에서, 이 시집이 잠시나마 함께 걸었던 동반자가 되었기를 바랍니다.

다리를 건너는 모든 이에게, 익숙한 길을 축복하며 글을 마칩니다.

 거북이 다리, 시간을 건너다